LE CONTRÔLE

PAR

M. DE JANZÉ

Membre de l'Assemblée nationale

———— ❦ ————

PARIS

CHEZ SAINT-JORRE, LIBRAIRE-ÉDITEUR

91, RUE DE RICHELIEU, 91

——

1871

LE CONTRÔLE

M. Riant, rapporteur de la commission des marchés, après avoir passé en revue les désastreux traités conclus entre les directions du ministère de la guerre et *des aventuriers ou des faiseurs d'affaires*, constate que, pour ce ministère, il n'a existé depuis vingt ans *ni contrôle législatif, ni contrôle administratif d'aucune sorte*.

« Le pays ne saura jamais assez, dit-il, ce que les gouvernements personnels, en l'absence du contrôle, lui ont coûté de temps, d'argent et de moralité, alors que quelques hommes pouvaient disposer à leur gré d'une partie des ressources de la France et que chaque fonctionnaire, irresponsable en fait comme en droit, était soumis à des initiatives aussi étrangères que la sienne propre à la pensée d'un compte à rendre. » Il demande, en conséquence, que, pour faire revivre l'ordre et l'intégrité dans l'administration française, un double contrôle, législatif et administratif, soit rétabli. Il fait remarquer, avec raison, que le contrôle législatif ne peut descendre dans tous les détails d'une gestion ministérielle, et qu'il a besoin d'être préparé et complété par un contrôle administratif; il ajoute que ce second contrôle ne doit plus être limité à l'administration centrale, mais doit s'exercer sur tous les points du territoire, au moyen d'agents essentiellement mobiles, correspondant *directement* avec le ministre, lui révélant les abus et lui proposant les réformes.

Certes, on ne peut qu'applaudir aux conclusions présentées au nom de la commission des marchés, mais elles ne sont pas complétement satisfaisantes, par cette raison que tout est à refaire dans une organisation administrative avec laquelle le contrôle, non-seulement n'existe pas, mais encore *ne peut pas exister.*

L'Assemblée, dit M. Riant, *a manifesté la volonté d'exercer sur les actes des ministres un contrôle efficace.* C'est fort bien, mais le contrôle législatif est-il possible tant que l'on n'aura pas fait disparaître de notre système de comptabilité budgétaire, les lacunes, les obscurités et les lenteurs qui s'opposent à toute vérification sérieuse et approfondie?

Les ministres, responsables devant l'Assemblée, sont, nous le reconnaissons, animés des meilleures intentions, mais tant que l'organisation actuelle n'aura pas été changée, les directions seront *tout* et les ministres *rien;* les réformes voulues par le gouvernement et par l'Assemblée ne s'accompliront pas, parce que les ministres ne seront rien autre chose, entre les mains de la bureaucratie, que *des machines à signer.*

Veut-on une preuve de cette impossibilité de réformer les abus tant qu'on se bornera à faire des replâtrages pour consolider l'édifice administratif?

Il y a quelques mois, en présentant à l'Assemblée le projet de budget rectificatif de 1871, M. le ministre des finances annonçait sa ferme volonté *de faire présider la plus stricte et la plus sévère économie à l'administration des finances et des services de l'Etat* et, faisant appel au concours le plus énergique de l'Assemblée, il lui demandait de le défendre contre lui-même dans cette œuvre d'épuration budgétaire, en lui prescrivant *les règles les plus rigoureuses et les limites les plus étroites.*

De son côté, la commission du budget, après avoir constaté la nécessité de *supprimer* toutes les allocations qui n'ont pas un caractère obligatoire et de réduire dans de strictes limites les services publics, a déclaré que *l'initiative de la réorganisation appartenait au ministre des finances* (1) et qu'elle avait foi dans son activité et son intelligence pour apporter dans la réalisation des réformes à opérer toute la promptitude possible.

De ce concours de bonnes intentions, il est résulté que tout a été ajourné et que le budget rectificatif de 1871 a été voté sans *qu'une seule* des nombreuses sinécures créées depuis vingt ans ait été supprimée, sans *qu'un seul* des états-majors si nombreux et si richement appointés, qui sont placés à la tête de nos services publics, ait été réduit, soit quant aux traitements, soit quant au nombre des panaches !

L'expérience du passé montre que tout plan de réformes *ajourné* est un plan *avorté :* le ministre des finances compte sur l'Assemblée pour simplifier l'administration des divers services publics et celle-ci compte sur le ministre pour prendre en 1872

(1) Chaque ministère préparant son propre budget, l'initiative de cette réorganisation appartient à tous les ministres et non pas à un seul.

l'initiative d'une réorganisation *économique* exigée par l'état désastreux de nos finances. De tout ceci que peut-il résulter?

Rien, absolument rien.

La commission du budget de 1871, après avoir rappelé de *prétendues* économies réalisées par MM. Fould et Magne sur l'administration centrale du ministère des finances, s'est déjà demandé « *s'il y avait encore des réformes à faire, des simplifications à opérer !* » Quant à la commission du budget de 1872, si elle ne manifeste pas la ferme volonté de tout réformer, on lui opposera les prétendues nécessités de la bonne marche des services. De son côté, M. le ministre des finances, en voulant *respecter les droits acquis des titulaires*, ainsi qu'il l'a déclaré, se verra arrêté net dans la réalisation de ses projets d'économie par le *non possumus* de la toute-puissante bureaucratie. Pourquoi? parce que, pour rétablir l'ordre et l'économie dans l'administration française, il faut, ainsi que le dit M. Riant, rétablir le contrôle législatif et le contrôle administratif et que ni l'un ni l'autre ne sont *possibles* avec notre système de comptabilité financière et notre organisation administrative.

Prenons d'abord le contrôle législatif qui doit atteindre ce double but :

1° Constater la légitimité et la non-exagération des crédits *demandés* par les directeurs ou chefs de services des divers ministères ;

2° Assurer la spécialité rigoureuse des crédits *votés ;* en d'autres termes, empêcher que les crédits ouverts pour des dépenses déterminées soient employés par les ministères à solder des dépenses d'une autre nature.

Eh bien ! notre système de comptabilité budgétaire est tel, qu'il oppose des difficultés, des impossibilités même à l'exercice de ce contrôle. Pour établir qu'il en est ainsi, il suffit de montrer comment les choses se passent depuis le moment où un budget entre en préparation jusqu'au jour où il est clos définitivement.

C'est jusqu'ici *dix-huit mois à l'avance* (au mois de juin 1869, par exemple, pour le budget de 1871), que les chefs de service des divers ministères ont préparé les éléments des budgets présentés aux Chambres. Ce travail *de prévision* étant fait à une époque trop éloignée du moment où les faits devaient se réaliser, il en est résulté que l'évaluation des dépenses à faire et des recettes à effectuer, pour faire face à ces dépenses, n'a jamais pu avoir un degré suffisant de précision et d'exactitude.

Avec le caractère hypothétique de ces prévisions *prématurées*, les directeurs des ministères étaient nécessairement portés à demander, pour les besoins de leurs services, *plus que le nécessaire*, afin d'être assurés de n'avoir point à réclamer de la Chambre des suppléments de crédits pendant le cours de l'exercice.

Cette exagération presque obligée des demandes de crédit se combinant avec la faculté de virement, laquelle permet de changer l'affectation des crédits *votés*, conduisait naturellement à l'entraînement des dépenses, et c'est ce qui explique comment pas un seul des budgets, présentés en équilibre ou en excédant depuis vingt ans, n'a pu se clore sans présenter un déficit *réel*. Quelques faits, à l'appui, empruntés au dernier budget voté, au budget de 1871, suffiront pour montrer la réalité de cette exagération *habituelle* des demandes de crédits.

Le rapporteur de la commission du budget faisait observer l'année dernière que, *depuis quatre années*, le crédit demandé pour encouragements aux pêches maritimes avait surpassé *de* 400,000 *fr.* le montant des dépenses effectuées; il constatait aussi que le chapitre du matériel du service des tabacs était si surabondamment doté que, depuis 1865, on faisait chaque année, sur ses crédits, *au profit d'autres services*, des prélèvements variant de *un million à six millions.*

Ces exemples auraient pu être multipliés par le rapporteur du budget de 1871; nous voyons même, dans l'exposé des motifs du projet de loi ayant pour objet de rectifier les crédits de 1871, M. Pouyer-Quertier proposer encore une réduction de *un million* sur le crédit demandé pour : remboursements aux offices télégraphiques étrangers, le crédit qui avait été demandé étant, dit-il, *sensiblement supérieur à la moyenne des payements faits pendant les années précédentes.*

Cette exagération de certains crédits donnant toute facilité aux ministères pour disposer par virements de sommes importantes au profit de services pour lesquels la Chambre n'aurait pas consenti à voter des suppléments de crédits, on comprend que les ministres ne pouvaient se montrer bien rigides pour exiger de leurs directeurs que les demandes de crédits fussent ramenées au chiffre des besoins *réels* des services. D'un autre côté, les ministres *ne savent pas* le plus souvent et ils se mettent, en outre, dans l'impossibilité de s'éclairer en se croyant obligés de ne demander de justification des propositions à eux soumises qu'à leurs chefs de service, c'est-à-dire à ceux-là mêmes qui ont fait ces propositions; ils ne peuvent donc apporter au travail de leurs directions que des modifications insignifiantes, alors même qu'ils sont animés des intentions les plus droites.

On peut donc dire que le document qui est apporté à l'Assemblée sous le nom de *budget général des recettes et des dépenses* n'est rien autre chose que le travail fait dix-huit mois à l'avance par les directions et contresigné, *de confiance*, par le ministre des finances.

Les actionnaires d'une société quelconque admettraient-ils que leur gérant vînt leur dire :

« L'année dernière, vous m'aviez accordé un crédit d'un million pour faire face aux dépenses prévues de la société, et je viens vous demander un crédit égal pour cette année. Certaines dépenses sont restées au-dessous de mes évaluations ; d'autres, au contraire, les ont dépassées, mais ce sont là des détails que je n'ai pas à vous faire connaître, et, du moment où les crédits que je vous demande pour cette année sont égaux à ceux que vous m'aviez accordés pour l'année dernière, vous devez vous tenir pour satisfaits. »

Eh bien ! ce discours pourrait, à bon droit, être placé dans la bouche du ministre des finances, quand il soumet aux représentants du pays le budget général des recettes et des dépenses. En effet, ce document ne contient rien autre chose que les crédits *demandés* pour telle ou telle année, et, *en regard*, ceux *accordés* pour l'année précédente. Seulement, quand il y a une différence entre le chiffre de deux crédits, on fait ressortir cette différence dans des colonnes spéciales, et une laconique explication, portée à la colonne des observations, justifie l'augmentation ou la diminution.

Les députés se trouvent donc exactement dans la situation des actionnaires dont nous venons de parler, car, ne connaissant pas le montant des dépenses *effectuées* sur chacun des crédits *accordés* pour l'année précédente, ils n'ont à leur disposition aucun élément de comparaison pour vérifier la légitimité et la non-exagération des crédits qui leur sont *demandés*.

C'est presque toujours à la fin des sessions, c'est-à-dire au moment où l'Assemblée, fatiguée et impatiente du repos, est aussi réfractaire que possible à l'étude, toujours aride, des questions de chiffres, que les budgets sont discutés et votés. En outre, cette discussion importante a lieu dans un ordre de classement qui ressemble fort au chaos et qui la rend des plus difficiles à suivre. En effet, les dépenses afférentes à chaque ministère sont morcelées entre les divers budgets : budget des recettes, budget des dépenses, budget ordinaire, budget extraordinaire (1), budget de l'amortissement (2), budget sur ressources spéciales ; il en résulte que les sujets les plus disparates s'alternent et s'entrecroisent, et ces lambeaux bariolés des divers services ministériels passant confusément devant les yeux, rappellent le mirage fantastique du kaléidoscope.

On voit que le mode défectueux de la présentation du budget général des recettes et des dépenses, et la manière dont il est discuté, rendent le contrôle législatif absolument illusoire, en ce qui concerne l'exagération des crédits demandés par les directions des divers ministères.

Et ce n'est que trois ou quatre ans plus tard, c'est-à-dire lors du règlement définitif de ce budget, que les députés pourront s'engager dans le labyrinthe inextricable de notre comptabilité *perfectionnée*, s'ils veulent tenter de s'assurer si, en réalité, tel ou tel crédit qui leur a été demandé était ou non exagéré. Or, ils rencontreront alors, pour arriver à cette vérification, les mêmes obstacles qui s'opposent à la constatation du maintien de la spécialité des crédits *votés*.

Mais d'abord, comment les choses se passent-elles, pour qu'il y ait un intervalle *obligé* de trois à

(1) La commission du budget propose de faire disparaître la division du budget en ordinaire et en extraordinaire.

(2) Le budget de l'amortissement a été supprimé sur la proposition de M. Pouyer-Quertier.

quatre ans entre le moment où l'Assemblée législative vote un budget et le jour où ce budget revient
devant elle pour être définitivement réglé?

Le budget *primitif,* une fois voté, les dépenses
commencent à se faire au fur et à mesure des besoins des divers services, et ce n'est qu'après dix ou
onze mois que l'on regarde où l'on en est. Une fois
cette constatation faite, le ministre, sur le rapport
des administrations intéressées, décide qu'il sera
fait face aux excédants de dépenses de certains
chapitres ou articles au moyen des excédants de
crédits restant disponibles sur certains autres, et
ces opérations de désaffectation des sommes votées
par l'Assemblée se poursuivent jusqu'au 31 mars de
l'année suivante. En effet, si l'année budgétaire est,
pour les recettes, de douze mois, sa durée est portée
à quinze mois pour les dépenses; et certains comptes
de dépenses se prolongent, les uns jusqu'au 31 juillet,
les autres jusqu'au 31 août de l'année suivante. Enfin,
le budget *d'un exercice,* — année de douze mois pour
les recettes, de quinze mois pour les dépenses, —
ne se clôt qu'après que tous les crédits ouverts ont
été consommés ou annulés, qu'après que toutes les
recettes ont été perçues.

Sans nous arrêter à ce premier résultat, qu'un
système méconnaissant aussi complétement les règles les plus élémentaires de la comptabilité ordinaire, est absolument contraire à la simplicité et à
la clarté des écritures, et est ainsi un premier obstacle au contrôle, nous nous contenterons de faire
remarquer que cette singulière façon de procéder
retarde notablement le moment du règlement des
budgets. En outre, notre jurisprudence financière
exige, *sans nulle utilité,* que le vote du budget définitif soit précédé d'une double vérification *matérielle*
des dépenses, vérification effectuée d'abord par les
ministères, ensuite par la cour des comptes.

La procédure budgétaire que nous venons d'indiquer a pour conséquence de mettre un intervalle de trois à quatre ans entre les deux votes que les représentants du pays ont à émettre sur un même budget. Le plus souvent donc, ce ne sont pas les mêmes députés qui votent un budget sous ses deux formes successives, et c'est là, outre le long temps écoulé entre les deux votes, un obstacle réel à l'efficacité du contrôle législatif. Si l'on réfléchit qu'avant d'arriver au règlement définitif, le budget primitivement voté par la Chambre a été gravement modifié par les suppléments de crédit devenus nécessaires en cours d'exercice, et dénaturé par les virements dont nous avons dit un mot tout à l'heure, on comprend que le contrôle législatif n'est rien autre chose qu'une **pure fiction.**

Il est cependant indispensable que ce contrôle existe et qu'il puisse s'exercer d'une manière sérieuse et efficace ; lui seul, en effet, peut obliger les divers ministères à ramener les demandes de crédits au niveau des besoins vrais et réels des services ; lui seul, aussi, peut contraindre les ministres à respecter la spécialité des crédits, en les empêchant de donner aux fonds votés une destination autre que celle qu'ont voulu leur attribuer les représentants élus de la nation.

Nous avions formulé, en 1869, un amendement introduisant dans notre système de comptabilité budgétaire les modifications qui nous semblaient nécessaires pour constituer la réalité de ce contrôle (1). Nous allons résumer brièvement les idées que nous

(1) Voici le texte de l'amendement :

« A partir de 1869, le compte des dépenses afférentes à chaque exercice sera, comme celui des recettes, arrêté définitivement au 31 décembre, et l'on reportera à l'exercice suivant toutes les opérations non liquidées.

« A partir de la même époque, il ne sera plus soumis, chaque

avons, à cette époque, développées à la tribune du Corps législatif.

La première mesure à adopter est de renoncer à l'année budgétaire de quinze mois pour les dépenses, et, revenant aux règles de la comptabilité ordinaire, de décider que le compte des recettes et des dépenses

année, à l'examen et au vote du Corps législatif, que trois budgets concernant :

« Le premier, l'exercice suivant ;

« Le second, l'exercice en cours ;

« Le troisième, l'exercice expiré le 31 décembre précédent.

« Au commencement de l'année, le ministre des finances transmettra ces trois budgets au Conseil d'État, qui, à bref délai, les convertira en projets de loi et les renverra au Corps législatif avant la fin du mois de mars.

« Pendant que la commission, nommée par le Corps législatif, procédera à l'examen de ces budgets, le Conseil d'État étudiera, de son côté, l'œuvre élaborée par les divers ministères, et, avant que la commission ait déposé son rapport, il soumettra au Corps législatif les modifications qu'il croira devoir être apportées aux propositions de ces budgets.

« Ces trois budgets seront les suivants :

« 1° Le budget général des prévisions de recettes, concernant l'exercice suivant, lequel comprendra toutes les sommes que le Trésor sera autorisé à percevoir, à titre ordinaire ou extraordinaire, pour faire face aux besoins présumés de cet exercice.

« La base d'évaluation de ces besoins sera : pour les dépenses ordinaires, le montant des sommes dépensées, pendant le cours de l'exercice expiré, sur chacun des crédits ordinaires alloués à cet exercice ; pour les dépenses extraordinaires, un exposé sommaire fait par le ministre des finances, et annexé au budget des prévisions de recettes.

« 2° Le budget général des fixations de dépenses, concernant l'exercice en cours, lequel comprendra toutes les sommes à payer pendant l'année en cours d'exercice. Il présentera les crédits demandés pour cet exercice et ceux accordés pour l'année précédente, en indiquant, dans une colonne spéciale, le montant des sommes dépensées sur chacun des crédits ordinaires alloués pour l'exercice expiré.

« En ce qui concerne les crédits affectés aux dépenses dites extraordinaires, parce qu'elles ne se reproduisent pas périodiquement, ils devront être inscrits aux chapitres des crédits ordinaires aux-

afférentes à une année sera arrêté définitivement au 31 décembre ; que toute opération non liquidée sera reportée à l'année suivante. C'est ainsi que l'on procède déjà pour les budgets départementaux et communaux ; c'est de cette façon que tout commerçant et tout industriel établit ses comptes, afin qu'ils aient la plus grande clarté non-seulement

quels ils se rapportent. Toutefois, pour conserver à ces crédits leur caractère spécial, on les fera figurer au recto des feuilles du budget, en les totalisant séparément.

« Un état détaillé de la situation générale du Trésor, au 31 décembre de l'année précédente, sera annexé au budget général des fixations de dépenses.

« Si, après le vote de ce budget et dans l'intersession, il devient nécessaire de faire face à des dépenses imprévues et véritablement extraordinaires, le ministre des finances recourra, mais sous sa responsabilité personnelle, à des émissions de bons du Trésor. Dans ce cas, les suppléments de crédits nécessaires pour régulariser la situation du Trésor devront être demandés au Corps législatif, par projets de lois spéciaux, dès les premiers jours de la session suivante.

« 3° Le budget définitif des recettes et des dépenses, concernant l'exercice expiré au 31 décembre précédent, lequel comprendra toutes les opérations effectuées dans le cours de cet exercice.

« Il sera libellé dans la même forme que le budget général des fixations de dépenses.

« En ce qui concerne ce budget définitif :

« Attendu que les dépenses des services publics ne sont arrêtées, en vertu des règlements en vigueur, que le 31 août de l'année qui suit celle expirée, et qu'en conséquence les ministères ne peuvent commencer le compte définitif des dépenses avant cette époque, date de la clôture de l'exercice ;

« Attendu que ce compte définitif ne devient la base du budget définitif soumis au vote du Corps législatif, qu'après que la cour des comptes a terminé sa vérification et voté en chambre du conseil son rapport annuel à l'Empereur ;

« Attendu que cette manière de procéder met un intervalle de trois années entre le vote du budget primitif et celui du budget définitif, sans que rien puisse justifier un retard de règlement si préjudiciable à l'efficacité du contrôle du Corps législatif, puisque les chiffres fournis par les services publics ont été préalablement vérifiés par les divers ministères, et qu'ils ne peuvent être sensiblement modifiés par le travail de la cour des comptes ;

pour lui-même, mais encore pour le premier comptable venu qui peut être appelé à les vérifier.

Cette mesure adoptée, voici comment les choses devraient se passer, à notre avis, pour le budget de chaque année, pour le budget de 1872, par exemple.

Pour assurer la marche des services publics pendant les premiers mois de l'année 1872, il suffirait que, pendant le cours de l'année 1871, une loi au-

« Par ces motifs il est décidé :

« 1° Dans les trois premiers mois de l'année qui suivra celle de l'exercice expiré, le ministre des finances transmettra directement au Conseil d'État le compte définitif établi par les ministères ;

« 2° Ce compte définitif constituera le budget définitif que le Conseil d'État convertira en projet de loi et renverra au Corps législatif avant la fin du mois de mars ;

« 3° Lorsque la cour des comptes aura prononcé sur un exercice clos, déjà voté par le Corps législatif, elle signalera, dans son rapport annuel à l'Empereur, les opérations de cet exercice qui lu auraient paru irrégulières. Un exemplaire de ce rapport sera remis à chacun des membres du Corps législatif.

« En conséquence des résolutions ci-dessus, le Corps législatif formule et adopte les dispositions suivantes :

« Article 1er. Le ministre des finances est autorisé à réaliser en 1870, pour faire face aux besoins présumés de cet exercice, les ressources ordinaires et extraordinaires énumérées aux projets de budgets pour 1870, dont le Corps législatif est saisi en ce moment.

« Art. 2. Il sera sursis, en 1869, au vote des prévisions de dépenses ordinaires et extraordinaires pour 1870 ; toutefois, le Corps législatif pourra, soit en adoptant, soit en repoussant les amendements qui demanderaient l'élévation ou l'abaissement du chiffre des crédits portés par anticipation aux projets du budget ordinaire et extraordinaire, indiquer au gouvernement dans quelles limites il devra se renfermer jusqu'à la présentation du budget général des fixations de dépenses pour 1870.

« Art. 3. Dans les trois premiers mois de l'année 1870, le ministre des finances adressera au Conseil d'Etat, et le Conseil d'Etat renverra au Corps législatif, libellés dans la forme déterminée plus haut, les trois budgets suivants :

« 1° Le budget général des prévisions de recettes pour 1871 ;

« 2° Le budget général des fixations de dépenses pour 1870 ;

« 3° Le budget définitif des recettes et des dépenses pour 1869. »

torisât le ministre des finances à percevoir les impôts nécessaires pour faire face aux besoins présumés.

A la fin du mois de mars 1872, l'Assemblée serait saisie du budget général des *fixations* de dépenses, et ces fixations seraient aussi exactes que possible, puisqu'elles seraient faites en cours d'exercice, c'est-à-dire au moment où les faits auraient déjà commencé à se réaliser.

A ce premier remède contre *l'exagération des crédits*, il faudrait ajouter celui-ci : donner à l'Assemblée un élément d'appréciation de la légitimité de ces crédits. Or, pour qu'il en soit ainsi, il suffit que le budget des fixations de dépenses présente, en regard du chiffre des crédits demandés pour 1872 et pour 1871, *le montant des dépenses effectuées sur chacune des allocations de 1871.*

Le budget de 1872, voté en 1872, arrêté en recettes et en dépenses le 31 décembre 1872, pourrait, sans nulle difficulté, revenir devant l'Assemblée à la fin du premier trimestre de 1873.

Un intervalle de quelques mois seulement séparerait donc le vote du budget primitif fixant les dépenses d'une année et le vote du budget définitif ou compte rendu général de cette même année.

Dans ces conditions, le contrôle serait assurément efficace et sérieux, car le souvenir des faits financiers décidés par l'Assemblée, n'aurait pas eu le temps de s'effacer au jour du règlement.

Avec cette procédure budgétaire, l'exagération des crédits ne serait plus à craindre et leur spécialité pourrait être rigoureusement maintenue ; mais, pour faciliter l'exercice du contrôle législatif, il serait indispensable, en outre, de supprimer *absolument* la faculté de virement, car cette faculté, *telle qu'elle avait été établie sous l'Empire*, dit, avec raison M. Casimir Périer, *rendait ce contrôle complétement illusoire.*

Qu'est-ce qu'un virement? C'est l'opération par laquelle un ministre transporte tout ou partie d'un crédit exagéré ou non à l'actif d'un autre crédit insuffisamment doté.

Avec le système impérial, la faculté de virement peut se résumer ainsi :

Une société ouvre à son gérant deux crédits de 50,000 francs : l'un pour acheter le mobilier nécessaire à son usage personnel, l'autre pour les besoins de l'exploitation industrielle, et le gérant a la liberté d'employer indifféremment à l'une ou l'autre de ces destinations le montant de ces deux crédits.

La commission du budget de 1871 croit avoir remédié au mal en interdisant les virements de chapitre à chapitre, c'est-à-dire l'emploi des fonds accordés pour les dépenses spécifiées dans un chapitre au payement des dépenses comprises dans un tout autre chapitre. Mais c'est le seul point sur lequel ait jamais pu s'exercer le contrôle législatif, en ce qui concerne les virements, car on ne fournit à l'Assemblée que le compte des virements de chapitre à chapitre, et, comme par le passé, il sera impossible de savoir quels virements ont été opérés entre les articles et les paragraphes qui composent un même chapitre.

Or, le même chapitre contient souvent des dépenses fort diverses et fort importantes. En maintenant aux ministres la faculté de virer entre les articles et les paragraphes d'un même chapitre, on leur conserve, par conséquent, la liberté de désaffecter dans une mesure considérable les crédits votés par les représentants du pays.

Prenons, par exemple, le chapitre VI du budget du ministère de la guerre, qui se divise ainsi :

Solde et prestation en nature, infanterie, artillerie, génie, équipages, vivres, chauffage, fourrages, hôpitaux, service de marche. *Total, 255 millions.*

Voici donc, pour un seul chapitre, 255 millions que le ministre de la guerre pourra employer comme il le voudra, en prenant pour les équipages les fonds qui avaient été votés pour les vivres, à la cavalerie ce qui était affecté à l'infanterie, au génie ce qui était destiné à l'artillerie, etc.

On voit dans quelle mesure pourra encore s'exercer cette faculté de virements, *sans que l'Assemblée en sache rien*. Par conséquent, avec l'interdiction du virement de chapitre à chapitre, on n'obtiendra d'autre résultat que d'obliger la bureaucratie à s'ingénier pour composer les chapitres de façon à ce qu'il lui reste le plus de marge possible pour désaffecter les crédits votés par l'Assemblée.

Le seul remède au mal, c'est donc *la suppression absolue de la faculté de virement*.

La faculté de virement, c'est, pour les bureaux, le pouvoir de disposer comme ils l'entendent des fonds prélevés sur les contribuables, sans tenir compte du vote de l'Assemblée qui a donné à ces fonds une affectation déterminée.

Les bureaux, qui sont tout-puissants, — parce qu'ils *restent*, tandis que les ministres et les assemblées *passent*, — mettront donc tout en œuvre pour empêcher que l'idée de la suppression *absolue* de cette *précieuse* faculté ne passe dans le domaine des faits accomplis. Ils ont déjà suggéré aux financiers de l'Assemblée l'argument suivant :

« Il y aura toujours des services publics pour lesquels les prévisions du budget, si larges qu'elles soient, se trouveront accidentellement en défaut. »

Il est vrai que les fixations de dépenses, quelque exactement qu'elles soient faites, pourront se trouver *accidentellement* inférieures aux besoins de tel ou tel service.

En faut-il conclure que la faculté de virement

doit être conservée, même dans les limites les plus étroites ? Assurément non, car dans le cas où les prévisions budgétaires ordinaires se trouveront dépassées, de même que lorsque des besoins extraordinaires se produiront par suite d'événements imprévus, on pourra avoir recours à la ressource des crédits supplémentaires.

Avec une Assemblée permanente, ces crédits peuvent, la plupart du temps, être votés au moment même où ils deviennent nécessaires. Si par hasard ces besoins pressants se manifestaient pendant une prorogation, le ministre des finances aurait toute facilité pour engager de suite la dépense, mais *sous sa responsabilité*.

En effet, après avoir fait reconnaître par le conseil des ministres *l'urgence* des besoins auxquels il s'agirait de faire face, il ferait une émission de bons du Trésor, et, à la plus prochaine réunion de l'Assemblée, il régulariserait la situation du Trésor public en demandant, par projets de lois spéciaux, l'ouverture de crédits supplémentaires. La ressource des crédits supplémentaires assurant la marche des services publics dans toute éventualité, il n'y a donc aucun inconvénient à supprimer *absolument* la dangereuse faculté de virement.

Cette difficulté, ou plutôt cette apparence de difficulté disparue, il ne nous reste plus qu'à montrer combien sont peu fondées les objections que la Commission du budget a formulées en 1869 contre le système proposé par nous pour réformer notre procédure budgétaire.

Voici la première de ces objections :

« Il serait difficile, sinon impossible, de résumer, dans un espace de deux mois, tous les comptes de gestion d'une année. Or, dans le système proposé, le budget définitif de l'année qui vient de finir, doit

être présenté à la Chambre avant la fin du mois de mars. »

En ce qui concerne les recettes, je me bornerai à rappeler que le *Journal officiel*, jusqu'au 4 septembre 1870, publiait toujours, chaque mois, le compte des recettes opérées le mois précédent.

Quant aux dépenses, on sait que les ministres on entre les mains, *dès les premiers jours de janvier*, le relevé de toutes les dépenses constatées dans le courant de l'année qui vient de finir. Il faut faire exception, nous le reconnaissons, pour certains comptes concernant la marine et les colonies ; mais ces comptes, d'ailleurs de peu d'importance, pourront être reportés au budget de l'année suivante, comme le devront être, déjà, toutes les opérations en recettes et en dépenses non liquidées au 31 décembre.

Il est donc très-possible et très-facile même de soumettre à l'examen de l'Assemblée, avant le 1ᵉʳ avril, le compte de gestion de l'année précédente, c'est-à-dire le compte des recettes et des dépenses effectuées dans le courant de cette année.

Deuxième Objection :

« Donner au ministre des finances la faculté d'effectuer les dépenses au fur et à mesure des besoins, jusqu'au vote du budget des *fixations* de dépenses, ce serait entrer dans le système des budgets provisoires. »

Aujourd'hui, l'Assemblée, votant à *l'aveugle* des crédits basés sur des prévisions tout à fait *hypothétiques*, ne fait rien autre chose que *du provisoire*, et, en outre, tout contrôle ultérieur sur la valeur de cette besogne provisoire lui est interdit par les lenteurs et les obscurités de notre jurisprudence budgétaire.

Au contraire, avec le système proposé, les me

sures provisoires prises par le ministre des finances,
sous l'œil et sous la main de l'Assemblée, seraient
soumises à l'appréciation des représentants du pays,
presque au lendemain de leur réalisation.

Bien loin d'inaugurer l'ère des budgets provisoires, l'adoption de ce système nous ferait sortir du
provisoire *à perpétuité*, en resserrant, dans les limites les plus étroites, la période des mesures provisoires.

Troisième Objection :

« Il serait *périlleux* de donner au ministre des
finances la faculté de faire des émissions de bons du
Trésor pour faire face aux besoins pressants et
imprévus qui se produiraient dans l'intervalle des
sessions. »

L'objection n'est pas sérieuse. La clé du Trésor
public n'est pas aux mains du ministre des finances ;
elle ne sera point davantage entre ses mains quand
on lui aura donné la faculté d'augmenter de quelques centaines de mille francs, par une émission de
bons du Trésor décidée en conseil des ministres, le
chiffre de la dette flottante. Pour montrer l'inanité
de ce *péril* imaginaire, nous nous bornerons à
rappeler qu'au 31 juillet 1868, le chiffre de la dette
flottante était de *un milliard cinquante millions*, et
que les bons du Trésor émis s'élevaient à la somme
de 77 *millions*.

Quatrième Objection :

« Avec le système proposé, la Chambre se trou-
vera privée du concours si précieux de la Cour des
comptes et le rôle de cette haute juridiction se trou-
vera amoindri. »

L'œuvre de la Cour des comptes consiste à constater si chaque payement correspond bien à un crédit
ouvert, si les pièces de dépenses sont régulières et

s'il n'y manque aucune des formalités et des signatures réglementairement exigibles. La tâche qui incombe à l'Assemblée, lors du règlement du budget primitif, est de s'assurer de la légitimité des crédits qui lui ont été demandés, en constatant si l'affectation qu'elle a voulu leur donner a été rigoureusement maintenue.

La vérification opérée par la Cour des comptes est-elle pour l'œuvre de l'Assemblée un concours d'une utilité suffisante pour qu'il y ait nécessité de 'attendre pour régler législativement le budget primitif ? Nous ne le pensons pas ; nous estimons, au contraire, qu'en retardant inutilement de trois ans ce règlement, la vérification de la Cour des comptes rend le contrôle législatif complétement illusoire.

Il est vrai que, en outre de cette vérification *matérielle*, qui forme la partie la plus longue et la plus considérable de sa besogne, la Cour des comptes présente, dans son rapport annuel au chef du Pouvoir exécutif, des observations qui ont leur valeur, car elles ont pour but de fixer et de maintenir les règles de notre jurisprudence financière.

Ces observations perdront-elles quelque chose de leur importance, lorsqu'elles seront présentées à propos d'un exercice clos dont le compte définitif aura déjà été sanctionné par le vote de l'Assemblée ? Nous ne le pensons pas non plus. Quant à l'amoindrissement du rôle de la haute juridiction de la Cour des comptes, la suite de cette étude montrera que tel n'est pas le but que nous poursuivons, car, tout au contraire, nous voulons que ce rôle ait *en réalité* l'importance considérable qu'il n'a aujourd'hui qu'*en apparence*. Nous avons réfuté ces objections plus spécieuses que réelles pour montrer que, si elle le veut, l'Assemblée nationale peut, du jour au lendemain, établir *la réalité* du contrôle législatif en adoptant, au mois de décembre 1871, le système de réformes budgétaires que le Corps législatif a repoussé au mois d'avril 1869.

Le contrôle législatif une fois établi de la manière que nous venons d'indiquer, il ne sera pas moins nécessaire de créer le contrôle administratif, lequel fait absolument défaut à Paris et en province, ainsi que l'a déclaré M. Riant, rapporteur de la commission des marchés.

Les marchés scandaleux, passés par plusieurs de nos ministères *avec des aventuriers et des faiseurs d'affaires*, sont une des mille preuves que l'on peut citer à l'appui de cette vérité : qu'il y a absence complète de contrôle dans tous nos services publics. Si l'on hésitait à croire qu'il en est ainsi, il suffirait pour dissiper ses derniers doutes de se rappeler l'assurance coupable et convaincue avec laquelle le maréchal Lebœuf disait au Corps législatif, *sans avoir rien vérifié par lui-même :*

Il ne manque rien à notre armée, pas même un bouton de guêtre !

Pouvait-il en être autrement, d'ailleurs, après vingt années d'empire autoritaire ?

Sous ce régime gouvernemental, les ministres, organes irresponsables et obéissants de la volonté souveraine, n'étaient que des simulacres d'hommes d'État. Ayant à faire preuve non de capacité et d'aptitudes spéciales, mais seulement de dévouement, ils étaient appelés indifféremment à diriger n'importe quel département ministériel, et, lorsque la politique l'exigeait, on les faisait passer d'un ministère dans un autre.

Ils se trouvaient ainsi à la discrétion de leurs bureaux, chargés de suppléer à leur inexpérience des affaires ; ils devaient donc approuver à l'aveugle les mesures les plus irréfléchies et les moins justifiables.

Pour compléter l'organisation d'un tel système, il fallait nécessairement : une presse vénale toujours prête à exalter les actes ministériels quels qu'ils fussent ; puis des conseillers d'État assez rompus aux détours et aux habiletés de la discussion publique pour défendre toutes les causes ; et, enfin, une majorité législative assez dévouée pour consentir à donner toujours raison aux avocats d'office du gouvernement. L'application de ce système, poursuivi pendant tout l'empire, a donné à la bureaucratie une puissance presque irrésistible, et jusqu'ici les bureaux ont toujours fait enregistrer leurs arrêts, en réduisant les ministres au modeste rôle de *machines à signer*.

Aujourd'hui encore, nos ministres responsables s'en rapportent trop complétement à leurs directeurs, parce qu'ils savent à peine le premier mot des affaires de leur département. Ils continuent, en effet, à renvoyer au chef de service compétent les affaires et les réclamations qui leur sont directement adressées ; le chef de service émet alors l'avis qui lui convient le mieux, puis les bureaux spéciaux du ministre paraphrasent, — quand ils ne se contentent pas de la copier textuellement, — la réponse faite par la direction, et le ministre signe. Ne peut-on dire que, avec un tel système : c'est le directeur qui est le véritable ministre ?

Il en est de même pour la préparation des budgets : ce sont en effet, les chefs de services qui font le travail ; ce sont eux qui fournissent *seuls* aux ministres les documents à l'aide desquels ceux-ci peuvent contrôler la légitimité des crédits demandés pour leurs services. Ici encore, on le voit, c'est le directeur qui est le véritable ministre.

Les ministres étant responsables et ayant à défendre eux-mêmes devant l'Assemblée les propositions qu'ils auront signées, exigeront sans doute désormais de leurs chefs de service des travaux plus mûrement étudiés que par le passé. Mais cela ne suffira pas pour les mettre à l'abri des difficultés ou même des échecs parlementaires, et ils n'arriveront à ce résultat que quand ils seront parvenus à *se faire renseigner*.

Or, ils ne seront *renseignés* que le jour où,— rompant avec la tradition administrative qui les astreint à ne consulter que leurs chefs de service,— ils suivront l'exemple du maréchal Bugeaud. C'est par la fréquentation journalière des sous-officiers et des soldats, que ce grand administrateur militaire arrivait à connaître les besoins *vrais* de l'armée, et à découvrir les abus grands et petits que ses chefs de corps ignoraient, ou se seraient bien gardés, lorsqu'ils les connaissaient, de lui signaler.

C'est de même, par la fréquentation des sous-officiers et des soldats de leurs ministères, lesquels font le travail et ont une connaissance approfondie des détails des affaires, que les ministres pourront parvenir à connaître les besoins vrais des services et les abus de l'administration. Quel que soit la sûreté de jugement d'un ministre, il ne peut pas connaître assez à fond toutes les affaires qui ressortent de son département, pour les apprécier par lui-même et, pour ainsi dire, à première vue. Il est donc indispensable que le ministre, en même temps qu'il se renseigne par lui-même, s'entoure d'hommes spéciaux et capables, afin que ses appréciations personnelles soient contrôlées par des juges compétents et désintéressés.

Ce n'est pas tout : on a vu jusqu'ici les meilleures intentions et les volontés les plus fermes venir échouer contre la force d'inertie de la bureaucratie. On ne viendra donc à bout de cette puissance sans contrôle et sans responsabilité, qu'en brisant le cadre de son organisation, qu'en supprimant les directions qui sont devenues pour leurs titulaires de véritables *pachaliks*.

Les directeurs et les sous-directeurs supprimés, les ministres devront, chacun dans son département, prendre pour secrétaire général, un *alter ego* qui soit l'exécuteur impitoyable de leur œuvre de réorganisation administrative et de qui relèvront *directement* les chefs de division placés à la tête des services.

Enfin, pour pouvoir simplifier l'administration, en supprimant les sinécures richement dotées dont l'empire a encombré tous les services et en faisant disparaître les fonctions faisant double emploi de même que les employés superflus ou incapables, il faudra que les ministres demandent à l'Assemblée d'adopter la disposition suivante :

Tous les fonctionnaires, agents ou employés qui voudront quitter le service de l'Etat ou qui seront remerciés comme étant inutiles, auront droit à une pension de retraite. Le chiffre de cette pension sera fixé d'après les bases de la législation actuelle proportionnellement au temps de service accompli.

Sans cette disposition légale, en effet, tous les plans de réformes les mieux conçus viendraient, comme par le passé, échouer contre le *non-possumus* des droits acquis, car il faudrait toujours trouver *une compensation* pour tout employé inutile ou incapable dont on voudrait débarrasser un service.

Pour opérer cette réorganisation nécessaire de l'administration, il faudra, comme le dit avec raison M. Casimir Périer, *rapporteur du budget*, qu'un accord intervienne entre le gouvernement, la commission des finances et les commissions spéciales nommées par l'Assemblée pour étudier les changements à introduire dans les services publics. Un travail d'ensemble pourra être concerté ainsi, ajoutet-il, tandis qu'une initiative isolée aurait, dans plus d'un cas, pour conséquence inévitable *de jeter le trouble et l'indécision dans une matière où l'accord est la meilleure condition du succès.*

Il convient actuellement de montrer quel rôle la Cour des comptes a joué jusqu'à présent dans notre organisation financière et d'indiquer les attributions que nous voudrions lui voir conférer.

Napoléon Ier, comprenant la nécessité de centraliser la comptabilité nationale, afin d'assurer à sa politique guerrière le plus d'argent possible, créa, par un décret en date du 16 septembre 1807, la Cour des comptes, destinée à prendre la place des chambres de comptes provinciales qui existaient avant 1789.

L'importance et l'utilité du fonctionnement de cette institution, diminuant de jour en jour depuis cette époque, il eût été sage de la restreindre au lieu de l'étendre. Tout au contraire, on n'a cessé *d'importantiser* le rôle de cette institution en accroissant son personnel et en augmentant le chiffre des traitements alloués à ses membres. Dans les derniers jours du second empire, on adjoignait encore dix auditeurs aux quatre-vingt-quatre référendaires, plus que suffisants pour la stérile besogne qui leur incombe. Enfin, grâce à des augmentations progressives, les traitements s'élèvent aujourd'hui :

A 35,000 fr. pour le premier président et pour le procureur général ;

A 25,000 fr. pour les trois présidents de chambre ;

A 18,000 fr. pour les 18 conseillers maîtres ;

A 9,000 fr. en moyenne (y compris le préciput) pour 84 conseillers référendaires de 1re et de 2e classe.

On est ainsi arrivé à ce résultat, signalé par la commission du budget, que la Cour des comptes portée au budget de 1851 pour un chiffre de

1,015,700 fr., figure au budget de 1871, *avec un personnel qui n'est pas sensiblement supérieur en nombre à celui de* 1851, pour une somme de 1,562,700 fr.

Cette manière de procéder au rebours des prescriptions de la logique et des lois d'une sage économie, s'explique par ce fait que, sous le dernier gouvernement, les places de la Cour des comptes étaient devenues, comme les recettes générales et les perceptions de Paris : l'apanage exclusif *du château.* Le titre de référendaire n'était plus qu'une sorte de monnaie courante avec laquelle étaient payés les services personnels rendus aux altesses et aux excellences, et l'intrusion de parasites dans les postes supérieurs étant assez fréquente, on a pu dire, avec quelque apparence de raison : que la Cour des comptes était devenue le refuge des fruits secs de l'administration et l'hôtel des invalides des fonctionnaires.

Certes, il est à désirer que la Cour des comptes recrute désormais son personnel tout autrement, et que des financiers ou des administrateurs éprouvés soient désormais les éléments nécessaires du renouvellement de cette magistrature financière. Nous ne nous arrêterons pas sur ce point, mais nous examinerons quel est le rôle de la Cour des comptes, inamovible et souveraine, jugeant en dernier ressort; ayant rang après la Cour de cassation, et coûtant aux contribuables chaque année *plus d'un million et demi* (1,562,700 fr.).

Comme sur cent observations ou injonctions émanées de cette haute juridiction, quatre-vingt-dix-neuf portent sur un manque de signature ou sur quelque irrégularité de semblable importance, voyons d'abord quelle est la besogne des référendaires chargés de la vérification des pièces, c'est-à-dire de la base principale des travaux de la Cour des comptes.

Cette besogne se compose de l'établissement des deux comptes suivants:

1° Un cahier d'observations, *de ligne et compte*, c'est-à-dire un cahier concernant les charges et souffrances de chaque article, *relativement au comptable qui se présente.*

2° Un cahier résumant la comparaison des recettes opérées avec les règlements qui régissent la perception.

Les éléments de cette besogne leur arrivent, du reste, tout préparés. En effet, au dernier degré de l'échelle des collecteurs de l'impôt, le receveur qui a perçu rend compte de sa perception à son supérieur, *seul justiciable de la Cour des comptes.* Celui-ci veille donc à la recette et s'assure par lui-même que cette recette a été régulièrement et intégralement opérée.

Les pièces comptables de ce receveur *justiciable* sont vérifiées d'abord par le propre supérieur de celui-ci (inspecteur des douanes, des contributions indirectes, de l'enregistrement, etc.). — Elles sont soumises ensuite, à la direction, à une vérification très-approfondie ; puis, de la direction de province, elles sont envoyées au ministère. Là encore, nouvelle vérification.

La Cour des comptes n'est donc saisie du jugement définitif des pièces, qu'après que l'on s'est bien assuré qu'elle n'aura presque rien à relever dans la comptabilité qui lui est soumise. C'est *par millions* que la Cour des comptes reçoit chaque année les pièces justificatives déjà examinées dans les ministères par des employés nombreux et experts, car chaque dépense faite doit être accompagnée d'une facture. On comprend que les référendaires, qui sont bien moins nombreux que ces employés, et qui, n'ayant pas la même pratique de la comptabilité que ceux-ci, ont à examiner, en outre, les comptes municipaux et départementaux, ne pourraient évidem-

ment suffire à la tâche qui leur incombe, s'ils véri-
fiaient tout *sérieusement*.

Pour arriver à une vérification *superficielle* de
cette montagne de pièces, ils confient à des auxi-
liaires le travail *de pointage* et parfois même la vérification de *la régularité* des pièces. Cette dernière
besogne, que les référendaires font le plus souvent
eux-mêmes, est considérable, et l'on a quelque idée
de son étendue quand on se rappelle ce mot de M. de
Tracy : « *Pour l'achat d'un balai de bouleau de 25
centimes, la Cour des comptes n'exige pas moins de
quatorze signatures.* »

Le fait suivant, qui nous est attesté par un ancien
chef de bureau de l'un de nos ministères, établit d'une
façon péremptoire combien cette vérification de la
Cour des comptes est *superficielle*.

Ce chef avait eu pendant dix ans sous ses ordres un
employé fort intelligent chargé de vérifier et de
pointer les factures fournies à l'appui des comptes à
rendre à la Cour, et pendant ces dix années ce chef
n'avait jamais reçu d'elle *une seule observation*.
Cet employé fut remplacé par un praticien ayant
l'amour des chiffres, et celui-ci signala presque
chaque jour à son chef des erreurs, parfois assez
graves, là où son prédécesseur avait, d'accord avec
la Cour des comptes, trouvé tout régulier pendant
de si longues années !

Nous ne sommes pas éloigné de penser qu'il en
est de même pour la vérification des comptes communaux et départementaux, car il n'y est *presque
jamais* fait de redressement.

La Cour des comptes a-t-elle jamais empêché les
vols et les malversations des comptables ? Non. On
pourrait citer plus d'un exemple pour montrer
qu'elle n'est pas même une épée de Damoclès,
car sa vérification n'est pas et ne peut pas être
approfondie.

Mais si elle laisse passer parfois des irrégularités considérables, elle ne manque jamais de relever les vétilles, afin de montrer sans doute qu'elle a cette qualité que Perse définit ainsi :

Dare pondus idonea fumo.

Voici, à l'appui de cette assertion, deux exemples pris au hasard entre beaucoup d'autres :

Un directeur des douanes de Marseille, pendant les sept années qu'il a dirigé un service, — où les recettes de l'année s'élevaient parfois à plus de 37 millions, — n'a reçu de la Cour qu'une seule observation de redressement ; cette observation avait trait à 80 *centimes de ficelle* employée au plombage des colis.

Un directeur des contributions indirectes n'a reçu, *pendant vingt ans,* qu'une seule observation de redressement, et voici sur quel point *important* elle portait : lorsqu'un receveur entreposeur renvoie à la manufacture les caisses vides de tabac, il lui est alloué *deux centimes* pour la remise en état de chaque colis, et les cercles lui sont abandonnés pour *un demi-centime.* Or, il manquait au procès-verbal constatant le délaissement de ces cercles, *une des signatures réglementaires ;* de là observation de redressement.

Voilà les misères relevées par la haute juridiction dont on nous a reproché de vouloir amoindrir le rôle !

Qu'un comptable se trouve en défaut pour une de ces *vétilles microscopiques,* la Cour rend solennellement un arrêt d'*injonction,* en vertu duquel le *quitus* est refusé. Si ce comptable, mis ainsi en interdit, atteint le moment de sa mise à la retraite, le Trésor retiendra le tiers de son cautionnement jusqu'au jour où un second arrêt de la Cour aura rapporté le premier.

On voit combien on s'est plu à *importantiser* le travail de manœuvre des référendaires, la vérification supérieure des conseillers maîtres composant chaque chambre et les attributions du ministère public. Quelquefois certains points de doctrine, certaines questions douteuses, sont examinés par la Cour et résolus par elle; mais ces cas extrêmement rares le deviennent de plus en plus de jour en jour.

Le rôle des membres de la Cour se borne donc à assister stérilement en toques et en robes à des lectures de comptes et parfois à quelques discussions sur un rapport dont les termes et la conclusion sont arrêtés à l'avance, entre le référendaire désigné et le président de la chambre ; en sorteque le travail approuvé par celui-ci ne subit plus de la part de la chambre *qui juge* que le plus illusoire des contrôles.

Cette magistrature, qui lutte en prééminence et en traitements avec la Cour de cassation, est-elle en droit, à raison de son utilité actuelle, de prélever chaque année sur les contribuables 1,562,700 fr. ? Ses hauts titulaires rendent-ils à l'Etat les services les moins apparents ? Les auditeurs, les référendaires et les conseillers maîtres ne jouent-ils pas dans l'ordre des agents financiers *utiles* un rôle beaucoup moins efficace que celui des moindres commis de la comptabilité publique ?

Est-ce à dire que l'institution doive disparaître et qu'elle ne renferme pas, sauf réorganisation, tous les éléments constitutifs du contrôle *supérieur* qu'il faut nécessairement créer pour assurer la bonne gestion des affaires du pays ?

Evidemment non. Le rôle de haute surveillance sur tous les services des administrations publiques, sur tous les actes des fonctionnaires, depuis le plus modeste agent jusqu'aux ministres, ne peut être dévolu qu'à un corps indépendant, ne relevant que de lui-même et décidant en dernier ressort.

Débarrassée de la besogne grossière de la vérification des pièces et des additions, — besogne qui peut être laissée à de modestes commis de la comptabilité publique, — la Cour des comptes, qui pourrait prendre le nom de haute Cour du contrôle administratif, nous semble indiquée par la force des choses pour jouer ce rôle important.

Réorganisée, divisée en autant de sections qu'il y a de départements ministériels, ayant des délégués spéciaux auprès de chaque ministère et dans chaque département, et voyant relever d'elle *directement* les inspecteurs généraux des finances et les inspecteurs des diverses administrations, la Cour des comptes pourra exercer sa surveillance sur l'administration centrale et sur tous les points du territoire.

Magistrature suprême de l'administration française, elle sera consultée pour la préparation des budgets et pour les crédits supplémentaires à ouvrir soit par décret, soit législativement ; elle décidera souverainement, le ministre intéressé entendu, sur les questions soulevées par ses délégués ou ses inspecteurs, et elle garantira les employés de l'Etat contre l'arbitraire, en fixant ou en maintenant les règles de l'avancement et les conditions du maintien des situations acquises, etc. , etc.

Alors, mais alors seulement, il y aura un contrôle administratif sérieux, efficace ; alors aussi la bureaucratie aura vécu.

Quelques personnes voudraient donner au Conseil d'Etat le rôle que nous attribuons, dans notre plan de réorganisation, à la Cour des comptes. Si, par impossible, leur opinion prévalait, la Cour des comptes devrait disparaître, car, ainsi que nous l'avons établi, cette haute juridiction, réduite à ses attributions actuelles, n'aurait plus de raisons suffisantes d'existence.

Nous avons terminé le rapide exposé des mesures qu'il faut adopter, à notre avis, si l'on veut réellement créer le contrôle législatif et le contrôle administratif. Peut-être trouvera-t-on que nous avons porté une main trop hardie sur notre édifice administratif, mais nous croyons avec M. Pouyer-Quertier, que :

Pour arriver à la vérité, il faut tout réformer.

Si l'on se contente de replâtrages pour modifier l'état de choses actuel, la bureaucratie reprendra sa tâche en sous-œuvre ; les habiletés et les détours de l'empire reparaîtront peu à peu ; et, dans quelques années, dans quelques mois peut-être, on pourra dire de notre administration et de nos finances :

Plus on change, plus c'est la même chose.

DE JANZÉ.

Paris. — Typ. Rouge frères et Comp., rue du Four-St-Germ., 43.